*Geschichten und Gedichte*

AF281731

*aus der Reihe*
*„Perlen unserer Erinnerung"*

# ALLTAGSHELFER

Carmen Sabernak (Hrsg.)

**Bibliografische Information der Deutschen Nationalbibliothek:**
Die Deutsche Nationalbibliothek verzeichnet diese Publikation in der Deutschen Nationalbibliografie; detaillierte bibliografische Daten sind im Internet über dnb.d.nb.de abrufbar.

**Impressum**
2023 © Carmen Sabernak, alle Rechte vorbehalten

**Herstellung und Verlag:**
BoD - Books on Demand, Norderstedt

**Satz und Layout:**
Nicole Mewes

**Bildnachweise:**
© by-studio © sonne fleckl - Fotolia.com
© Nicole Mewes - Spicy's Gewürzmuseum, Hamburg
© Evelyn Barucker

ISBN: 9783756862726

# Inhalt

# Vorwort

Carmen Sabernak hatte die Idee, die Erinnerungen unterschiedlicher Menschen zu sammeln.

Erinnerungen, die wertvoll wie Perlen sind. Sie fragte in der Teltower AWO-Gruppe nach und es fanden sich schnell MitstreiterInnen.

Einmal im Monat trafen sie sich, tauschten Erinnerungen aus, lasen aus ihren Geschichten und verbrachten schöne gemeinsame Stunden. So wurde recht schnell der Entschluss gefasst, diese „Perlen unserer Erinnerung" in kleinen Büchern aufzubewahren.

Die Geschichten sind so unterschiedlich, wie die Menschen, die sie erlebt haben. Einzelne Geschichten wurden zum Teil schon vor einigen Jahren verfasst. Deshalb finden sich teilweise auch noch Texte in der alten Rechtschreibung. Diese wurden absichtlich nicht angepasst, denn es sind Perlen aus der betreffenden Zeit.

Wir wünschen Ihnen ebenso viel Vergnügen beim Lesen, wie wir Freude hatten, das Buch zu gestalten.

*Herzliche Grüße*
*das AutorInnenteam und die "Geschichtensammlerin" Carmen Sabernak*

# Kleine Alltagshelfer

Dieses Büchlein enthält eine willkürliche Auswahl von Gegenständen, in Form und zu Papier gebracht für die Leserinnen und Leser unserer Reihe „Perlen unserer Erinnerung".

Kleine Alltagshelfer bereichern das Leben.
Sie sparen Zeit und Kraft, können Hilfe geben:
Im Haushalt und bei vielen Dingen,
die ohne sie nicht so einfach gelingen.

Wer macht sich Gedanken und stellt sich die Frage –
beim Benutzen der Helfer alle Tage –
wo kommen sie her, wer hat sie erdacht
und unser Leben damit leichter gemacht?

Wie gut, dass es Erfinder gibt,
denen das Tüfteln am Herzen liegt!
So können wir weiter darauf hoffen,
für die kleinen Helfer sind wir stets offen!

*Hannelore Wolf, 2023*

# Der Schuhanzieher

Wenn ich vor dem Schuhschrank steh'
und mir meine Schuh' anseh' –
denke ich: Wie komm ich rein?
Eine Hilfe müsste sein!

Ein Schuhanzieher wär' famos,
doch wo finde ich ihn bloß?
Also in den Laden laufen,
um den Gegenstand zu kaufen.

Ja, wie groß soll er wohl sein?
Mit langem Griff, das wäre fein.
Und nicht aus Plastik, die zerbricht.
Aber leider gibt's den nicht!

Einer aus Metall muss her,
der ist mir jedoch zu schwer.
Oh, was sehe ich dort liegen?!
Einen Löffel kann man kriegen –

ganz aus Holz, mit langem  Griff:
der ist's, hat den richt'gen Pfiff!
So hab' ich nun das schöne Stück,
zieh' Schuhe an mit viel Geschick!

*Hannelore Wolf, 2022*

# Hutgummi

Ein Hutgummi ist ein kleiner Alltagshelfer. Er liegt im Nähkästchen bei allen anderen Utensilien. Sie, verehrte Leserinnen, wissen sicher, was ich meine. Es sind die kleinen Rollen mit dünnem Gummi, der nur 0,5 bis 1 mm dick ist. Man kann ihn also mühelos in eine dicke Stopfnadel einfädeln. Auf der Rolle sind ungefähr 3 m Hutgummi aufgerollt. Es gibt ihn in verschiedenen Farben, sogar in Gold und Silber.

Eine Nähmaschine habe ich nicht mehr, mache alles, was so möglich ist, per Hand und bin auch ohne große Schneiderkunst ganz gut klar gekommen. Früher, im Handarbeitsunterricht, in der Jugendzeit und als junge Mama, habe ich auch die eine oder andere Nacht genäht. In den 70iger Jahren hatten wir eine Haushaltsnähmaschine.

Doch zurück zum Hutgummi, wofür ich ihn benutze und bei welchen Dingen er mir ein Helfer ist.

Nämlich für kleine Veränderungen, Reparaturen oder Verschönerungen an Kleidung, Wäsche etc.. Wenn etwas enger gemacht werden muss, nachdem es sich durchs Waschen geweitet hat z. B. Ärmelabschlüsse an einem Pullover oder T-Shirt. Man kann einen Ausschnitt etwas verkleinern, indem man mit dem Hutgummi in der dicken Nadel die Öffnung verändert. Am Bund eines Oberteils kann ähnlich verfahren werden.

Alles, was ein bisschen zu groß, zu „ausgeleiert" geworden ist, wird mit Hilfe des dünnen Gummis korrigiert. Dabei fallen mir auch noch die Socken ein – wenn es sich noch lohnt?

In der letzten Kälteperiode dieses Winters habe ich meine rosa Lieblingsmütze wieder passend verengt. Die weiche Wolle hatte etwas nachgegeben, so dass sie mir immer ins Gesicht rutschte. Nun sitzt sie, dank rosa Hutgummi, wieder ohne zu verrutschen, fest auf dem Kopf.

Auch für Dekorationen oder zum Befestigen von leichten Gegenständen ist der kleine Helfer gut zu gebrauchen. Einmal bekam ich zum Geburtstag ein selbst hergestelltes Büchlein geschenkt. Die Seiten des Buches wurden mit Hutgummi zusammengebunden und das Deckblatt zierte eine Schleife aus diesem in Rot und Gold.

So haben die kleinen Rollen immer einen Platz in meiner Nähkiste und bestimmt benutze ich die eine oder andere bald wieder einmal.

*Margrit Prauß, Februar 2023*

# Der Korkenzieher

Überall wo's Flaschen gibt,
ein Korkenzieher ist beliebt.
Der Korken fest die Flasche schließt,
damit keinen Tropfen man vergießt.

Sitzt im Flaschenhals er fest,
mit Mühe sich entfernen lässt.
Da kommt Hilfe: 1–2–3 –
der dünne Hals ist wieder frei!

Aus Metall ist das Gerät,
ein Holzgriff dran – mit dem man dreht.
Die Spirale bohrt sich tief
in den Korken – nur nicht schief!

Sonst geht schwer der Stöpsel raus,
bricht er entzwei – dann ist es aus!
Man muss sich nun per Hand bemüh'n,
den Korkenrest herauszuzieh'n.
Glücklich ist ein Jeder dann –
wenn er endlich trinken kann!

Korkenzieher gibt es auch –
bei Damen – als Frisur ist's Brauch.

In der Natur wächst eine Weide,
wie Korkenzieher sind die Zweige.
Der Korkenzieher – wie man sieht –
ist allerorten sehr beliebt!

Hannelore Wolf, 2022

# Kochlöffel aus Holz

Ein Kochlöffel aus Holz ist ein unverzichtbarer Alltagshelfer! Man braucht ihn zum Rühren und Abschmecken. Er schont Töpfe- und Pfannenböden.

Als ich meinen Haushalt eingerichtet habe, bin ich wohl davon ausgegangen, dass jeder Kochlöffel einen besonderen Verwendungszeck haben muss, warum sonst hab' ich mir so viele Holzlöffel zugelegt? Ich habe große, kleine und schlanke Holzlöffel, einer hat sogar ein Loch in der Mitte.
Irgendwie verstecken sie sich auch alle in meinen Schubkästen und sehen nach so vielen Jahren noch sehr ungenutzt aus – bis auf drei, die mit anderen Haushaltshelfern in einem Keramikhumpen neben dem Herd stehen, um immer griffbereit zu sein.

Bei genauer Betrachtung sehen auch zwei davon noch ziemlich „neu" aus, obwohl sie bestimmt schon zwanzig Jahre oder älter sind. Das bedeutet wohl, dass ich sie wirklich nicht viel benutze, außer dem einen, mein Lieblingsholzlöffel, der mir sehr ans Herz gewachsen und unverzichtbar ist.

Dieser eine, etwa 28 cm lange Holzlöffel, ist sehr alt. Er war eine Geschenkbeigabe zur Hochzeit meiner Eltern, die 1944 in Stettin geheiratet haben. Er wurde zu einem unverzichtbaren Utensil in ihrem noch jungen Haushalt. Durch die Kriegsgeschehnisse und Bombenangriffe auf Stettin zogen meine Eltern aufs Land in das Haus meiner Großeltern, zu den Schwiegereltern meiner Mutter. Das hatte zur Folge, dass sämtliche Küchen- und Kochangelegenheiten in der Regie meiner Oma lagen. Dennoch fand dieser Holzlöffel den Weg in die Küche und wurde von meiner Oma viel genutzt. Ich hatte mit ihm eher Kontakt beim Abwaschen oder Abtrocknen des Geschirrs.

Viele Jahre später, als meine Mutter die Küchenangelegenheiten übernehmen durfte, erfuhr ich von ihr, in einer Situation als sie ihren Holzlöffel verzweifelt suchte, dass er für sie einen ganz besonderen Wert hat.
Er war nicht nur eine Beigabe zur Hochzeit, sondern stammte bereits aus dem Haushalt ihrer Eltern. Dieser Holzlöffel war das Einzige, was sie bewahren konnte, denn durch einen Bombenangriff kurz vor Kriegsende ging ihr Elternhaus in Flammen auf – nichts konnte gerettet werden, selbst nicht ihre Mutter. –

Diese Geschichte ging mir unter die Haut, ich kann heute noch fast jedes Wort „fühlen". –

Damals hätte ich nie gedacht, dass dieser einfache und schon sehr abgenutzte Holzlöffel den Weg zu mir in den Haushalt finden würde. Wie ist das passiert?
Leider schon in den 90er Jahren mussten wir den Haushalt meiner Eltern auflösen. Wir Kinder hatten zu dem Zeitpunkt alle schon eigene Haushalte, sodass wir vom elterlichen Hausrat nichts benötigten. Nur wenige Erinnerungsstücke wollten wir uns mitnehmen.
Als ich in der Küche den Holzlöffel sah, spürte ich zu ihm eine starke Anziehung – ich musste ihn als Erinnerungsstück mitnehmen und habe mich sehr darüber gefreut, ihn „gefunden" zu haben. Diese Freude wurde von meinen Geschwistern nicht gleichermaßen geteilt.

Dieser Kochlöffel aus Holz weist nun nach jahrelanger Nutzung sehr viele Gebrauchsspuren auf und hat zahlreiche „Narben", wenn nicht sogar Brandnarben, abbekommen, die ihn eher schöner, kantiger, im Holz glatter, aber auch dunkler werden ließen. Er liegt gut in der Hand und ist „griffig", fühlt sich fast seidig an, wie mit einer Patina überzogen. Er wird nun bereits in dritter Generation „rund" geschliffen. Wenn er nur erzählen könnte, welche Geschichten würde ich wohl erfahren?

Durch diesen Holzlöffel spüre ich eine starke Verbindung zur Großmutter und insbesondere zu meiner Mutter. Jedes Mal, wenn ich ihn benutze, denke ich so gern an sie, wie sie mit ihm abgeschmeckt haben, was sie dabei wohl gefühlt oder gedacht haben mögen?
Er ist für mich zu einem unverzichtbaren Alltagsbegleiter geworden. Er verbindet Generationen miteinander, die sich sehr nah fühlen und durch ihn sich in Gedanken berühren.

Fazit: Inzwischen bin ich mir nicht mehr so sicher, ob mein Kochlöffel aus Holz wirklich nur ein Alltagshelfer ist, der hilft, die Dinge im Haushalt leichter von der Hand gehen zu lassen.
Mein Kochlöffel aus Holz hat gewiss viele Vorteile, doch wenn aus ihm ein Alltagsbegleiter wird, der hilft, die Verbindung zwischen Generationen aufrechtzuerhalten, dann hilft das im Alltag und fühlt sich alle Tage richtig an.

*Christiane Eisold, April 2023*

# Das Reibeisen

Küchenreiben – ohne Frage –
nutzt die Hausfrau alle Tage.
Sie werden Reibeisen auch genannt
und sind überall bekannt.

Aus Edelstahl geformt,
mit Kunststoff ringsum versehen,
damit bei Benutzung
kein Unfall kann geschehen.
Die Reibefläche scharfe Zacken hat,
nicht immer läuft's beim Reiben glatt!

In Brettform das Eisen bestens geht,
wird's horizontal über 'ne Schüssel gelegt.
Durch Reibelöcher fallen hinein:
Obst und Gemüse – zerkleinert ganz fein.

Auch Schokolade und Käse kann man reiben,
soll'n sie nicht im Ganzen bleiben.
Für Zitronen und Ingwer oder Muskat –
hat man 'ne extra Reibe parat.

So wird das Reibeisen vielfältig genutzt
und nach dem Einsatz gut geputzt.
In den Schrank kommt nun das gute Stück,
bei jeder Verwendung recht viel Geschick!

Ist meine Stimme mal tief und rau,
sagt man: Wie ein Reibeisen spricht diese Frau!
Also aufgepasst: Geht nicht in den Wind,
damit wir keine „Reibeisen" sind!

*Hannelore Wolf, 2022*

# Mein Handy

Ach wie schön, dass es in der heutigen Zeit immer mehr neue technische Erfindungen bzw. Errungenschaften gibt.

Es ist inzwischen so, dass es Situationen gibt, in denen man auf das Handy angewiesen ist. Eigentlich wurde das Handy erfunden, um zu telefonieren, so dass man von überall, außer man ist in einem Funkloch, anrufen kann oder erreichbar ist.

So sieht man auch kaum noch Telefonzellen oder Säulen.

Jeder, fast jeder, hat ein Handy und dies in den verschiedensten Ausführungen und von verschiedensten Anbietern für die Mobilität. Dazu kommen Farben, Formen und Größen.

Ich hatte auch schon verschiedene Modelle.

Das Handy bestimmt den Alltag immer mehr. Man kann sich schon am Morgen wecken lassen und braucht somit keinen Wecker mehr. Ich bleibe aber noch bei meinem guten alten Wecker. Ich schaue auf das Display und weiß dass es draußen regnet und nur 10 Grad sind. Naja, dass es regnet sehe ich auch, wenn ich aus dem Fenster schaue und die Temperatur kann ich am Thermometer, das sogar die Innentemperatur und die Luftfeuchtigkeit anzeigt, sehen.

Ach, oben in der linken Ecke blinkt ein Telefonhörer, also hat mir jemand eine Nachricht geschickt. So erfahre ich schon am frühen Morgen, ob sich jemand mit mir treffen möchte oder absagt oder irgendein anderes Anliegen hat.

Ich habe es auch schon einmal erlebt, dass ich auf dem Weg zur Arbeit merkte, dass ich mein Handy zu Hause vergessen hatte. Ach du meine Güte, was ist nun, wenn mich mein Mann, mein Sohn oder meine Mutti dringend erreichen müssen? Also bin ich zurück gefahren und habe es mir schnell in die Tasche gesteckt.

Im Bus habe ich, statt im Papierflyer, auf der App von verschiedenen Supermärkten nach Angeboten geschaut. Eine App ist eine Abkürzung von einem englischen Wort und heißt auf Deutsch „Anwendung". Es ist ein kleines Programm, das viele auf dem Handy haben. Dann überlege ich noch, was ich heute eigentlich kochen könnte. Also gehe ich auf eine Suchmaschine, z.B. Google, und gebe ein: „Hähnchen im Backofen". Super, hunderte von Rezepten werden angezeigt. So schaue ich mir nach und nach Rezepte an und entscheide mich dann.

Die Heimfahrt mit dem Bus dauert an, so kann ich auch noch ein Spiel spielen. Natürlich auf meinem Smartphone. „Wörter raten", dieses Spiel macht Spaß. Ich habe mich inzwischen auch für einen Supermarkt entschieden.

Ah, Chips sind im Angebot. Aber welche Sorte wollte

eigentlich mein Sohn? Schnell ein Foto mit dem Handy gemacht und an ihn gesendet. Zwei Minuten später habe ich auch schon die Antwort und kann diese Packung mitnehmen. Ohne Handy hätte ich erst am Abend mit ihm darüber sprechen können und wer weiß, ob seine Wahl am nächsten Tag noch im Supermarkt vorhanden gewesen wäre.

Einen Tag später wollten wir wieder einmal Essen gehen. Was gibt's denn eigentlich in dieser von uns ausgewählten Gaststätte? Kein Problem. Mit dem Handy bin ich schnell informiert. Über die Suchmaschine finde ich das Restaurant, dann gehe ich auf dessen Website und kann mir online die Speisekarte ansehen. Da ich mich leider immer schwer entscheiden kann, ist es gut, vorab eine kleine Auswahl zur Information zu haben.

Eine weitere Funktion von meinem Smartphone ist die Taschenlampe. Wir saßen an einem schönen Sommerabend lange auf unserer Terrasse. Es wurde allmählich dunkel. Im Garten konnte ich nichts mehr erkennen. Es raschelte. Schnell schaltete ich das Licht an meinem Handy an und leuchtete in den Garten. Da sah ich einen Igel durch den Garten laufen.

Es gibt so viele Funktionen und Anwendungen auf meinem Handy die man noch benutzen kann, z.B. auch einen Kalender.

Das Handy ist für mich ein wahrer Alltagshelfer. Das Telefonieren, die eigentliche Funktion, ist eher in den Hintergrund getreten.

*Ellen Wutschik, Mai 2023*

# Der Nussknacker

Jedes Jahr zur Weihnachtszeit –
steht der Nussknacker gern bereit.
Er ist schon ein alter Mann,
der noch Nüsse knacken kann.

Seit vielen Jahren gibt's ihn schon,
die Figur hat Tradition.
Bunt bemalt aus festem Holz –
ist er der Familienstolz.

Seinen Zähnen sieht man an,
dass er kräftig beißen kann.
Die Nuss wird in den Mund gelegt,
dann der Hebel auf dem Rücken bewegt.

Schon klappt der Kerl den Mund fest zu,
die Schale springt vom Kern im Nu.
Das macht allen „Knackern" Freude,
ob alten oder jungen Leuten.

Nüsse knacken kann enorm –
auch ein Gerät in anderer Form.
Aus Metall, wie eine Zange,
vor keiner Nuss ist diesem Bange.

Zwei Griffe muss man kräftig drücken,
sitzt die Frucht grad' in der Mitten.
Mit viel Elan und 1–2–3 –
der Kern gleich von der Schale frei.

Ein Segen, – diese Helfer sind –
gut aufbewahrt in manchem Spind!

*Hannelore Wolf*

# Die Superhelfer unseres Alltags

Es gibt ja unheimlich viele Dinge die uns helfen, unseren Alltag leichter zu bewältigen.

Viele haben wir schon etwas näher betrachtet. Haben festgestellt, dass Menschen, die uns zur Seite stehen, das Wichtigste sind.

Doch bei der Betrachtung dieser Vielfalt haben wir aber noch einige Helfer vergessen. Vergessen, obwohl wir einige davon täglich sehen. Nun ja, sie sind nicht alle aktiv und im Einsatz. Die es aber sind, sind unverzichtbar.

Schon in der Antike hat der Mensch es verstanden, sich die Fähigkeiten der verschiedensten Tiere nutzbar zu machen. So auch die Vögel. Ich meine nicht die, die unser Nahrungsangebot bereichern. Sondern z.B. die Tauben. Heute noch in Vereinen zu finden, waren sie früher die Briefträger. Auch die Greifvögel, die die Jäger unterstützen. Ihre Fähigkeiten werden heute noch genutzt. Allerdings meist in anderen Ländern. In unseren Bereichen nur selten.

Pferde stehen auch im Dienste der Menschen. Nicht nur in Reitvereinen als Sportpferde. Sie unterstützen uns in unzugänglichen Waldgebieten als Rückepferde und auch als Zugtiere sind sie oft unentbehrlich. Auch bei der Polizei sind sie eingestellt. Wer kennt sie nicht: Die Reiterstaffeln. Von der Bereicherung des Urlaubs in südlichen Regionen, z.B. in Wien, erzählen viele begeistert von den Fiakerpferden. Eine Kutschfahrt mit dem Fiaker ist noch immer etwas Besonderes. Nun, das ist Freizeitgestaltung.

Ich denke aber an die harte Arbeit unserer Hunde. Was diese Tiere leisten, ist oft unersetzlich. Nicht alle Hunde sind dafür geeignet. Dazu kommt, dass geeignete Tiere teuer sind und ihre Ausbildung sehr viel Zeit kostet. Es ist schon dadurch ein Glücksfall und etwas Besonderes, einen Blindenhund, der nicht nur Helfer ist, sondern ein guter Freund und Beschützer „seines Menschen", zu bekommen.
Auch in anderen medizinischen Bereichen helfen uns Hunde. Sie können Anfälle bei Diabetes, Epilepsie und anderen Erkrankungen erkennen und „ihren Menschen" darauf aufmerksam machen. Ich möchte behaupten, dass sie schon manchem Kranken damit geholfen, wenn nicht sogar sein Leben gerettet haben.

Eine große Gruppe stellen die Rettungshunde. Sie suchen nicht nur Menschen, die sich verlaufen haben, sie sind sogar in Lawinengebieten bei der Suche nach Verschütteten im Einsatz. Auch nach Erdbeben und anderen Katastrophen sind die Hunde unentbehrliche Helfer. Vor allem auch als „Polizisten auf vier Pfoten", helfen sie, den Alltag zu meistern.
Zu allererst wird dabei an die Täter- oder Opfersuche gedacht. Doch das ist nicht alles.
Ihre gute Nase, die einfach unvorstellbar ist, macht unsere Hunde zu vielen Suchaufgaben einsetzbar. Drogen, Falschgeld und noch einige andere Dinge

werden sicher angezeigt. Sogar Wohnungsschimmel und auch Bettläuse werden gefunden.

Umstritten ist ihre Eigenschaft als Schutzhund. Sie verteidigen ihren Hundeführer und das ohne Wenn und Aber. Da kommt dann die Frage auf, wird Einbruch mit Körperverletzung, die gibt es nun mal, wenn ein Hund einen Täter stellt, bestraft? Doch diese Frage müssen andere Leute klären. Zusammengefasst kann man einschätzen, dass die Hunde unübertroffen in ihren Aufgaben als unsere Helfer sind.

Das sind die vielfältigen Hilfen unserer Hunde, die Arbeit und vollen körperlichen Einsatz erfordern. Doch ist das alles, weshalb wir unser Hunde lieben? In einer Hinsicht kämpfen sie um unsere Gunst mit den Katzen, welche die beliebtesten Haustiere sind. Ganz ohne sind Vögel auch nicht bei der Werbung um die Gunst von uns Menschen.

Aber bleiben wir erst einmal bei unseren Hunden. Denken wir doch an die vielen, meist älteren Menschen, die allein und einsam leben. Oft werden sie zumindest belächelt, wenn nicht gar verspottet. „Mein Gott, da kommt wieder die Alte mit ihrem Dackel über den Fußgängerüberweg. Wenn sie wenigstens schneller wäre, aber das alte Vieh von Dackel könnte wirklich bald den Löffel abgeben." Da denkt keiner daran, dass dieses Tier das einzige lebende Wesen ist, was die alte Dame hat. Ein Tier, das auf sie wartet, zu ihren Füßen liegt, sich über das Futter freut und ihr die Einsamkeit erträglicher macht.

Es ist auch wunderbar mit anzusehen, wenn ein Hundefreund mit seinem Hund in ein Seniorenheim kommt und alle Bewohner ihn freudig begrüßen. Es ist einfach schön, ein lebendiges Wesen zu streicheln und von den treuen Hundeaugen angesehen zu werden.

Katzen haben sich einen ähnlichen Platz erobert. Wenn sie sich liebevoll an Herrchen oder Frauchen kuscheln, ist die Einsamkeit zu ertragen, denn das Tier ist ein „Stückchen" Leben, das man bei der Berührung spüren kann.

Mit einem Vogel wäre das alles nicht möglich? Doch! Wenn man das Vertrauen gewonnen hat. Vertrauen ist bei allen Tieren die Grundlage zum Aufbau einer echten Beziehung, ganz egal ob Arbeit oder Schmuseeinheit. Ist dieses da, kommt so ein kleines gefiedertes Kerlchen zu „seinem" Menschen, knabbert zärtlich an seinen Sachen, Ohrläppchen sind auch sehr beliebt, und zeigt so seine Verbundenheit. Manche „erzählen" auch, wie lieb sie sind. So helfen uns auch Vögel, Stress oder Einsamkeit in unserem Alltag besser zu ertragen.

Nun, das bezieht sich alles nicht nur auf alte Menschen. Egal ob alt oder jung, bei jeder Beziehung zu unseren Tieren, ob auf der Arbeit mit ihnen oder auf Freizeitbeschäftigung beruhend, sollte die Verantwortung für das uns anvertraute Lebewesen die Grundlage sein.
Dann ist jedes Tier für uns Freund und Hilfe im Alltag und verdient mit Recht unseren Dank.

*Eva-Maria Kluck, März 2023*

# Die Sanduhr

Ein Zeitmesser der besonderen Art –
ist eine Sanduhr, sehr apart.
Der Körper ganz aus Glas besteht –
so sieht man, wie die Zeit vergeht.

Vom ob'ren Kolben rieselt leise –
der Sand in vorgegebener Weise.
In der Mitte die Taille ist sehr schmal,
für den rinnenden Sand aber keine Qual.

Im unteren Kolben häuft er sich auf,
so nimmt die Uhrzeit ihren Lauf.
Je nach Größe der Uhr die Zeit wird bestimmt,
ob es Sekunden oder auch Stunden sind.

Uns ist das Gerät als Eieruhr bekannt,
sie wird in mancher Küche verwandt.
Als Deko bei Sammlern steht sie bereit,
ein Symbol für das Verrinnen der Zeit.

Der Traum mancher Frau – eine Sanduhr-Figur:
Enge Taille, kurvigen Busen – wie bekommt man sie
nur?
Die Schultern und Hüften gleich breit sind geformt,
der Po super rund – das Gerät ist genormt!

Jedes Ding seine zwei Seiten hat,
es ist im Leben nicht alles glatt!

Hannelore Wolf, 2022

# Die Besonderen

Alltagshelfer sind doch Helfer, die im Alltag unterstützende Kraft sind.

Es kann also ein Mensch sein, der einzelne Handgriffe übernimmt, damit eine Person besser zurecht kommt. Es kann ein Gegenstand sein, den man jeden Tag benutzt, da er einfach dazu gehört, z.B. nimmt man den Besen und anschließend das Kehrset um den Schmutz aufzufegen.

Man benutzt eine Waage, weil man ja nicht wissen kann, wie schwer man ist oder wie viel etwas wiegt, beim Kuchenbacken. Alles ist irgendwie normal, aber was ist, wenn man nicht mehr richtig hören, sehen, gehen, greifen kann oder andere körperliche Einschränkungen hat?

Dann braucht man die **BESONDEREN**.

Wer sind denn die Besonderen? Es können wieder Personen sein, die darauf geschult sind, im Alltag viele Dinge zu machen, die eine Person mit Einschränkungen nicht mehr allein kann.
Es gibt aber auch die besonderen Alltagshelfer die beim Strumpfanziehen, beim Zuknöpfen von Bluse oder Hemd helfen können.

Die Strumpfanziehhilfe gibt es in verschiedenen Ausführungen auch für Stützstrümpfe. Man zieht die Socke oder die Strumpfhose über die gebogene Fußschale, die zwei lange Bänder an der Seite hat. Dann legt man die Strumpfanziehhilfe auf den Boden, behält dabei die Bänder in der Hand, geht dann mit dem Fuß in die Fußschale und zieht langsam an den Bändern die Fußschale nach hinten. Fertig – der Fuß ist im Strumpf.

Die Bluse knöpft man mit einem Knopfschließer zu. Dieser besteht aus einem Holz- oder Plastikgriff an dem eine lange Metallschlaufe ist. Jetzt geht man mit der Schlaufe von außen durch das Knopfloch, fädelt den Knopf ein und zieht dann die Schlaufe zurück durch das Knopfloch. Fertig.

Für Menschen die blind sind oder schlecht sehen können, gibt es „**sprechende**" Alltagshelfer. Das sind Personenwaagen oder Küchenwaagen, Fieberthermometer oder Uhren in verschiedenen Ausführungen. Es gibt auch eine Eingießhilfe. Man hängt diese in ein Glas oder eine Tasse, gießt ein Getränk ein und wenn dieses dann mit den Kontakten der Eingießhilfe in Berührung kommt, gibt es einen Signalton. So kann nichts überlaufen.

Für Gehörlose gibt es Wecker mit besonderer Lichtfunktion oder mit einem Vibrationskissen.

Es gibt mittlerweile so viele besondere Alltagshelfer in vielen Bereichen.

Für mich sind es die **BESONDEREN**.

*Ellen Wutschik, März 2023*

# Der Wasserkessel

Ein willkommener Helfer im Haushalt ist –
ein Wasserkessel, wie ihr wohl wisst.
Der bauchige Körper mit Deckel und Tülle –
wartet darauf, dass man ihn befülle.

Er dient zum Erhitzen von Wasser – ganz klar,
für Kaffee und Tee oder Brühe sogar.
Ist der Siedepunkt endlich erreicht,
aus der Tülle der Dampf heiß entweicht.

Man ergreift den schwenkbaren Griff aus Holz
und ist auf das Ergebnis ganz stolz.
Leck're Getränke für die ganze Familie –
braut man mit dieser Utensilie.

Bereits im 18. Jahrhundert bekannt –
hat man den Kessel umbenannt.
Eine Pfeife auf die Tülle tun –
so wurde er zum Pfeifkessel nun.
Sobald der Dampf die Tülle füllte –
die Pfeife laut nach Hilfe brüllte.

Doch der „musikalische" Helfer wurde ersetzt –
einen elektrischen Wasserkocher benutzt man jetzt.
So hilft die Technik – ob laut oder leise –
dem Benutzer auf seine spezielle Weise!

Hannelore Wolf, 2022

# Der Inbusschlüssel

Es war Mitte der 80er Jahre – wir erhielten für unsere 4-köpfige Familie in Teltow endlich eine Zweieinhalbzimmer-Wohnung. Der Umzug stand unmittelbar vor der Tür. Zu diesem Zweck wurden unsere noch sehr kleinen Kinder für ein verlängertes Wochenende zu den Großeltern nach Dresden gebracht, damit sie uns im Trubel des Umzugs nicht abhandenkommen.

Mit Freunden und vereinten Kräften hatten wir sehr schnell die Zweiraumwohnung ausgeräumt. Alle Utensilien, vom Apothekerschränkchen bis hin zum Zylinderschloss, das wir uns selbst eingebaut hatten, wurden mit in die neue Wohnung genommen. Am längsten dauerte das Leerräumen des Kellers. Hier waren viele Dinge gelagert, die wir möglicherweise noch gebrauchen könnten – wer wusste das schon. Wir lebten in der DDR, die für uns zu diesem Zeitpunkt „lebenslänglich" bedeutete. Viele Dinge davon hätten auch als Tauschobjekte dienen können, um den Mangel an Baustoffen und Ersatzteilen etwas zu kompensieren.

Wir waren geschafft, aber auch überglücklich, dass der Umzug so reibungslos verlief. Doch jetzt begann die eigentliche Arbeit des Einrichtens der neuen Wohnung. Alle Möbel wurden ihren Bestimmungsräumen zugeordnet und zunächst mitten im Zimmer abgestellt. Insgesamt ergab dies ein chaotisches Bild. Da wir aber die Möbel in der alten Wohnung selbst abgebaut hatten, sollte uns der Aufbau in der neuen Wohnung schneller von der Hand gehen. Zunächst mussten wir aber unsere Kinder von den Großeltern zurückholen, da beide noch einer Arbeit nachgingen.

Eine Wohnung zusammen mit zwei kleinen Kindern zu beziehen und einzurichten, ist eine Herausforderung. Unser viereinhalbjähriger Sohn fand die große Unordnung sehr „ungemütlich".
Er suchte sich eine Ecke zum Spielen und war am Geschehen desinteressiert. Seine um 2 Jahre jüngere Schwester jedoch wollte unbedingt „helfen". Sie fand es spannend. Für sie waren Werkzeug- und Knopfkiste die interessantesten Anziehungspunkte. Wir hielten diese so gut es ging von ihr fern und beschäftigten sie mit altersgerechten Spielsachen. Dies schien uns gelungen zu sein. Durch die zwischen den Möbelstücken umherwuselnden Kinder kamen wir langsamer voran als wir dachten.

Am darauffolgenden Wochenende sollte die Schlafzimmerschrankwand aufgebaut werden. Die Grundplatte lag in ihren Einzelteilen auf dem Boden und sollte als Ganzes zusammengefügt werden. Mein Mann ging an die Werkzeugkiste, um die entsprechenden Schrauben zu holen, die wir beim Abbau der Schränke sorgfältig sortiert und eingetütet hatten. Für diese Schrankwand hatte der Möbelersteller Spezialschrauben vorgesehen. Demzufolge benötigten wir zur Montage einen dazu passenden Schlüssel. Plötzlich hörte ich meinen Mann rufen: „Wo ist der Inbusschlüssel, hast Du ihn gesehen?". Ich hatte keine

Ahnung, wusste nicht einmal, welche Art Schlüssel er meinte. Ich antwortete fragend zurück: „Was ist ein Im-Bus-Schlüssel?" Prompt kam: „Er heißt ,Inbusschlüssel'[1] und ist ein Spezialwerkzeug". „Ja, okay, und wie sieht der aus?" fragte ich weiter. Er hatte keine große Lust mir einen Inbusschlüssel zu erklären, merkte aber, dass ich es wirklich wissen wollte. Er zeigte mir die Schrauben (Zylinderkopfschrauben) mit der Sechskantvertiefung in ihrem Kopf und erzählte mir, dass diese Vertiefung genau genormt ist.

Für das Festdrehen oder Lösen der Schrauben wird ein Schlüssel benötigt, der genau in diese Vertiefung passt. Er muss also außen ebenfalls dieses genormte Sechskantprofil aufweisen. Er meinte, dass der Schlüssel eine L-Form besitzt - auch „Wunderhaken" oder „Winkelschlüssel" genannt wird. Seiner Meinung nach wäre der Schlüssel handlich und platzsparend - und wird von oben auf den Schraubenkopf gesetzt, sodass Schrauben an schwer zugänglichen Stellen - an denen andere Schrauber oft an ihre Grenzen stoßen - leicht hinein- oder herausgedreht werden können. Ihn gibt es in allen erdenklichen Größen - immer passend zu den verwendeten Zylinderkopfschrauben. Das hörte sich alles genial und gut durchdacht an. Ein Inbusschlüssel könnte wahrlich ein sehr praktischer Helfer sein, wenn er dann zur Hand wäre.

Da wir nur kleinere Schrauben zu montieren hatten, suchten wir auch nur einen sehr kleinen, fast

---

1    Das Akronym „Inbus" steht für „Innensechskant Bauer und Schaurte", hinzugefügt wird Schraube oder Schlüssel. Die Firma hat den Inbusschlüssel 1936 erstmals patentiert und auf den Markt gebracht.

unscheinbaren Inbusschlüssel. „Der Schlüssel kann doch nur bei den Schrauben sein!", sagte ich beharrlich. Ich wünschte es mir so und konnte mir auch nichts anderes vorstellen. „Und genau dort ist er nicht!" kam die Antwort als Echo zurück.

Plötzlich schossen mir Gedanken durch den Kopf, wenn wir den Inbusschlüssel nicht mehr wiederfinden. Was bedeutete das? Wir können die Schränke nicht aufstellen, müssen erst eine andere Lösung finden! Bekommt man einen passenden Inbusschlüssel im Handel – all das war nicht klar. Nicht jeder Baustoffhandel, wie der Baumarkt in der DDR genannt wurde, hatte ein solches Spezialwerkzeug im Angebot. Vielleicht müssen wir uns selbst einen Winkelhaken „basteln". Klar war nur: Ein geht nicht, gibt es nicht! Ich mochte mir diese Gedanken nicht zu Ende ausmalen.

Dieser Haken musste doch irgendwo sein. Einer von uns beiden konnte ihn auch nur verlegt haben. Im Gesprächsunterton klangen leise Vorwürfe an, wer wohl schuld sein könnte. Durch unsere lauter werdenden Gespräche wurden die Kinder aus der Mittagsruhe geweckt. Beim gemeinsamen Kaffeetrinken hatten wir unseren Sohn gefragt, ob er den „Inbusschlüssel" von der Schrankwand irgendwo gesehen hätte. Er sah uns mit fragenden Augen an und verstand nichts. Was sollte er auch verstehen? Ich selbst hatte bis vor wenigen Minuten noch keine Ahnung von diesem Teil, wie also sollte er dies verstehen? Wir versuchten ihm in kindgerechter Sprache den Inbusschlüssel zu beschreiben – was ihn eher verunsicherte. Uns wurde klar, dass er mit dem Verschwinden dieses Schlüssels nichts zu tun haben konnte. Also gingen wir auf unsere zweieinhalbjährige Tochter zu. Sie schaute uns froh und erwartungsvoll an, als würden wir ihr gleich ein Märchen erzählen. Sie wiederholte mehrmals das gerade neu erlernte Wort: „Im-Bus-Schlüssel". Wir versuchten ihr die Form eines Hakens zu beschreiben. Sie wiederholte auch hier „Haken" und hob dabei ihre Stimme, als würde sie uns fragen: Was für ein Haken? Sie verstand gar nichts und hatte mit dem Verschwinden des Schlüssels sicher nichts zu tun. Sie hatte genug von uns und ließ uns stehen. Wir waren ratlos, verzweifelt, standen mitten in der Unordnung – den Samstagabend hatten wir uns alle ganz anders vorgestellt. Wir wussten gerade nicht, wie es weitergehen sollte.

Kurz vor dem Abendbrot hatte mein Mann noch eine Idee. Er malte den Winkelhaken, den wir so verzweifelt suchten, auf ein Blatt Papier. Er gab das Bild, das einer technischen Zeichnung sehr ähnlich kam, den Kindern mit den Worten: „Papi sucht diesen Haken, habt ihr ihn gesehen?" Erst verstanden beide nichts, doch plötzlich rannte unsere Tochter zu ihrem Puppenwagen, hob mit der linken Hand das Bettchen und holte mit der rechten Hand den kleinen, für uns so wichtigen Winkelhaken heraus. Wir schauten uns sehr überrascht an – „welch ein Wunder, der Haken ist wieder da", jubilierte jeder lautlos vor sich hin. Unsere kleine Tochter, die Schuld am Desaster war, strahlte uns an und sagte: „Hier, guck!" Sie bereitete uns gerade die allergrößte Freude.

Mein Mann legte eine Nachtschicht ein, um die Schlaf-zimmerschränke noch aufzubauen. So kam nach und nach wieder Ordnung in unsere Wohnung.

Geblieben ist von diesem Ereignis, dass bei verlo-rengeglaubten Dingen zunächst der Puppenwagen durchsucht wurde. Noch zu der Zeit, als es den Pup-penwagen bei uns gar nicht mehr gab, wurde zu-nächst gefragt: „Liegt es vielleicht im Puppenwagen?"

*Christiane Eisold, 2023*

# Das Bügeleisen

Das Bügeleisen – egal, welche Form –
hilft jedem im Haushalt ganz enorm.
Es dient zum Glätten von Textilien,
bringt in Form die Utensilien.

Wer hübsche glatte Kleidung liebt,
dem Bügeln stets 'ne Chance gibt.
Jede Hausfrau – oder Mann? –
greift zum Eisen dann und wann.

Ob Bluse und Hemd oder Hose und Kleid:
Dein treuer Helfer steht bereit!

Die ersten Eisen mit Bügel und Griff
hatten noch nicht den richtigen Pfiff.
Wer dieses Gerät einst ausgedacht,
hat damit trotzdem viel Hilfe gebracht.

Es folgten drei Modelle der einfachen Art,
bis das elektrische Eisen war parat.
Ein Temperaturregler – welch' schlaue Idee –
schraubte den Wert des Geräts in die Höh'.

Ein weiterer Schritt der Entwicklung dann,
als 1950 das Dampfbügeleisen kam.
Mit Wasserbehälter für Feuchtigkeit
begann eine neue Bügel – Zeit.

Die Löcher im Geräteboden –
wo der Dampf kann entweichen –
sorgen dafür,
die Perfektion zu erreichen.

Ihr lieben Erfinder: Wir danken euch sehr!
Mit diesem Gerät ist das Bügeln nicht schwer.

*Hannelore Wolf, 2023*

Meine erste eigene Küchenwaage konnte bis 11 kg abwiegen. Die abnehmbare Auflagefläche für das zu wiegende Gut war ein rechteckiges Tablett mit einem etwas höheren Rand. An der Vorderseite befanden sich an einer Schiene je ein Gewicht für Kilogramm und ein Gewicht für Gramm.

Beide mussten an der Schiene entlang hin und her geschoben werden, bis die Waage im Gleichgewicht war. Das erfordert schon etwas Geduld. Wir benutzten sie hauptsächlich bei der Verarbeitung unserer eigenen Ernte.

Für die Herstellung von Konfitüre oder Kirschlikör war das Ergebnis genau genug. Bei kleineren Mengen musste ich Messbecher oder Messlöffel verwenden.

Später legte ich mir eine mechanische Waage zu, die bis zu 2 kg wiegen kann. Über ein Rädchen kann man das Gewicht des zum Wiegen benutzten Behälters auf Null stellen. Jeder kleine Strich der Anzeige steht für 10 g und die Werte dazwischen können nur geschätzt werden. Für die Bereitung von Speisen und Gebäck ist diese Waage in der Regel ausreichend. Die Zutaten werden einzeln gewogen oder man muss sich beim Zufügen das bisherige Gewicht merken und anschließend rechnen. So waren wir es alle gewohnt. Die Waage ist für den Notfall noch heute in meinem Besitz, weil sie ohne Batterie funktioniert.

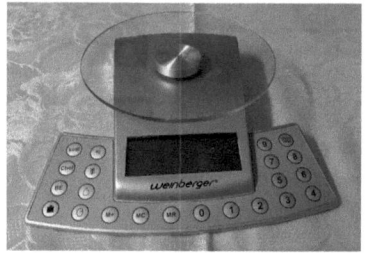

Die nächste Waage, die ich mir anschaffte, ist ein digitales Multitalent, die ich allerdings ausschließlich zum Wiegen benutze.

Sie kann Anteile von Fett, Eiweiß, Kohlenhydraten, Kilokalorien, Kilojoule, Cholesterin und Broteinheiten berechnen. Sie wiegt auf das Gramm genau. Durch die Zuwiegefunktion kann ich, ohne zu rechnen, mehrere Zutaten nacheinander in eine Schüssel geben, indem ich die Waage mit einem Tastendruck immer wieder auf „Null" stelle. Das Gehirn kann also pausieren.

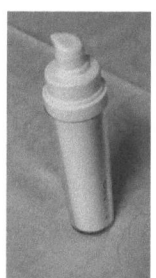

Die Einsparung von Verpackung und die Anhebung der Hygienebestimmungen in der Kosmetikindustrie macht eine ganz neue Anwendung sinnvoll. Die Bio-Kosmetikfirma liefert meine Gesichtscreme nicht mehr in Dosen, sondern in undurchsichtigen Spendern. Es ist immer sehr spannend, wann der Inhalt verbraucht sein wird.

Weil ich schon ohne Nachschub und einem leeren Spender an meinem Urlaubsort ankam, habe ich sofort nach meiner Heimkehr das Gewicht eines leeren Spenders ermittelt. So kann ich durch einfaches

Wiegen abschätzen, wann ich einen neuen Spender erwerben muss.

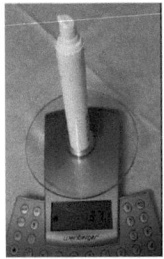 Auch zur Feststellung, ob Wollreste für ein weiteres Paar Socken reichen, ist ein bis auf's Gramm genaues Ergebnis notwendig. Sogar für die Entscheidung, welche Wanderschuhe in das Fluggepäck sollen, habe ich sie schon gerne „missbraucht".

Denn, für eine Flugreise fertig gepackte Koffer, wiegen wir immer mit einer Kofferwaage. Damit kann man das zugelassene Gewicht optimal ausnutzen. Übergepäck ist zu einem Luxus geworden, den wir uns nicht leisten wollen.

Meine Waagen sind also nicht nur in der Küche wichtig, sondern wirkliche Alltagshelfer.

In unserem Haushalt befindet sich noch eine weitere Waage, die ich jedoch nicht als Alltagshelfer bezeichnen würde. Meistens verdirbt die Personenwaage uns sogar den Alltag, indem sie ein Gewicht anzeigt, das den Appetit verringern (verderben) soll.

Oftmals ignorieren wir jedoch ihre Weisheit und gönnen uns trotzdem kleine Sünden.

*Evelyn Barucker, August 2023*

# Der Regenschirm

Wenn vom Himmel fällt der Regen,
ein Regenschirm kommt sehr gelegen.
Der Maxi ist Familienschirm,
der Mini-Knirps im Täschchen drin.

Wer's liebt im Regen elegant,
nimmt den Stockschirm gern zur Hand.
Einstmals als Sonnenschirm erdacht,
hat man ihn wasserfest gemacht.

Die schlauen Franzosen erfanden sogar
den großen Schirm – zusammenklappbar!
Ein Knopfdruck genügt, er spannt ganz weit
zum Regenschutz sein leichtes Kleid.

Die gespannte Seide so bunt und schön –
besonders bei Frauen gern geseh'n.
Selbst ein sturmfestes Modell kann man kaufen,
muss man bei Wind und Regen laufen.

Ein leuchtender Schirm mit LED –
ist in der Dunkelheit ganz okay.
Was ein Regenschirm doch so alles kann:
Er beschützt Frau und Kind
und nützt auch dem Mann.

Wir lieben diesen Helfer sehr
und geben ihn nie wieder her!

Hannelore Wolf, 2023

# Die kleinen Alltagshelfer

Die kleinen Alltagshelfer, wie kann es sein?
Sind manchmal groß und manchmal klein.
Man braucht sie hier, man braucht sie dort,
wo sind sie hin, sind sie jetzt fort?

Ein Kamm am Morgen, alles richtet,
zum Ärger aller, der Wind es dann so gleich vernich-
tet.
Das Kaffeesieb, das liegt parat,
da braucht man keinen Kaffeeautomat!

Der Toaster bräunt den Toast goldgelb,
das ist ein Frühstück, wie es mir gefällt.
Für Krümel und noch vieles mehr,
da muss sofort das Kehrset her.

Der Kartoffelschäler, der muss es sein,
Die Pommes schneid ich mit dem Messer klein.
Das Schnitzel ist besonders zart,
da war der Klopfer schnell parat.

Am Abend streicht die runde Bürste übers Haar,
es ist so schön und wunderbar.
'Ne kleine Kurze putzt die Zähne blank,
ich sag zu allen, vielen Dank.

*Ellen Wutschik, Mai 2023*

# Der Schneebesen

Ein Gerät zur Winterszeit
ist der Schneebesen weit und breit.
Sind die Wege voller Schnee –
tanzt der Besen los – juchhe!

Doch es gibt auch einen Besen,
der noch nie im Schnee gewesen!
Diesen kleinen Namensvetter
nimmt man selbst bei Regenwetter.

In der Küche jede Frau
kennt das Kleingerät genau.
Aus dem Eiweiß wird der „Schnee" –
schlägt der Besen zu – juchhe!

Auch für Soßen aller Art
liegt der Besen stets parat.
Schaumschläger wird er auch genannt,
bei vielen als Person bekannt.

Wer den Schaum schlägt nur mit Worten –
ist unbeliebt an allen Orten!

Hannelore Wolf, 2022

# Küchenkalender

Er ist einer von mehreren Kalendern, die in unserer Wohnung hängen. Die anderen sind zumeist schöne Erinnerungen an Urlaube, an Familie und Freunde, manche auch mit Zitaten oder Lebensweisheiten versehen.

Dieser aber ist der absolut Wichtigste, gleichsam ein zweites Gedächtnis. Obwohl ich denke, dass das „Oberstübchen" noch ganz gut funktioniert, ist unser Küchenkalender unentbehrlich. Während mein Mann seine Termine auf dem Handy gespeichert hat, und dieses dann auch Erinnerungssignale aussendet, notiere ich alles, seine, meine und unsere Termine auf dem Kalender in der Küche.
Was vorbei ist wird abgehakt, was ausfiel oder verschoben wurde wird durchgestrichen. So kann ich z.B. sehen, wie oft ich vor 7 Monaten beim Sport war. Oder ich weiß, wer wann bei wem zu Besuch war usw.

Für Aktivitäten, wie Anrufe zu Geburtstagen oder ähnliche feste Termine, habe ich mir mit einem Punkt vor dem Datum eine Erinnerungsstütze geschaffen. An alles Wichtige, was ich oder wir erledigen wollen oder müssen, erinnert mich unser Küchenkalender.

Und wenn das Jahr um ist, wird er nicht entsorgt. Er bleibt im kommenden Jahr immer noch im Schubkasten liegen.
In den ersten Januartagen schauen wir uns die ein-

zelnen Monatsblätter noch einmal an und stellen oft fest, wie viel doch so „los war". Wir denken an kleine Ausflüge, schöne Musiken, eine Reise, aber auch an Krankenbesuche, Arzttermine und leider immer öfter an Beerdigungen.

Meinen Küchenkalender kaufe ich seit Jahren bei „Ernsting's family" für 1 €. Er hat fast die doppelte Größe eines DIN A4 Format's. Pro Tag sind mehrere Spalten für Uhrzeiten vorgesehen. Die Wochenenden sind farblich unterlegt, alles ist sehr übersichtlich. Auf der letzten Seite findet man den Kalender fürs kommende Jahr und die Ferienzeiten aller Bundesländer sind ausgewiesen.
Optisch in Hochformat befindet sich im oberen Drittel jeweils ein schönes Bild und die unteren zwei Drittel bilden das eigentliche Monatsblatt ab.

Sie sehen, liebe Leser und Leserinnen, ich schätze und gebrauche diesen Alltagshelfer sehr. Im November gehe ich wieder zu „Ernsting's family" und hole mir den „Neuen" fürs nächste Jahr und vielleicht eine kleine „Nettigkeit" aus dem Sortiment noch dazu.

*Margrit Prauß, Februar 2023*

# Der Einkaufshelfer

Wer eintritt in's Seniorenleben,
dem fällt der Alltag nicht so leicht.
Wie schön, wenn dann ein kleiner Helfer
die Sorgen nimmt, die Hand dir reicht.

Den wunderbaren Freund und Helfer
für den Einkauf jeden Tag –
gibt's bereits: Den Einkaufstrolley!
Das ist ein Ding, das jeder mag.

Die rollbaren Taschen für die Leute,
die nicht mobil sind – einfach toll!
Die Waren lassen sich verstauen,
sie fahren leicht – sind sie auch voll.

Den Rentner-Porsche gibt's für alle,
ganz nach Belieben in der Art.
Er ist faltbar und hat Fächer,
hält Schirm und Brille stets parat.

Der Trolley überwindet einfach
die Treppenstufen mühelos –
wenn seine Räder so gerichtet –
mal sind sie klein, mal sind sie groß.

'Ne feine Sache ist die Tasche
für Tiefkühlware, sie hält kühl.
So bringt man seine Feinfrostware
bis zum Kühlschrank an sein Ziel.

Das Beste ist für alle Fälle:
Ein ausklappbarer Sitz – wie schön!
So kann man wirklich mit dem Helfer
allezeit zum Einkauf geh'n!

Dem Erfinder vielen Dank,
dass er 1972 den Rollkoffer erfand!

*Hannelore Wolf, April 2023*

# Geht's auch ohne?

Wie oft hört man: „Mir braucht keiner zu helfen – ich schaffe das schon!" Stimmt das?

Nun, wer das behauptet, der hat noch nicht darüber nachgedacht, wie viele Hilfen man im Leben hat. So lange die Menschheit besteht, hat sie Hilfsmittel gebraucht. Schon in der Steinzeit ging ohne die Alltagshilfe des Steinbeils nichts. Auch unsere Götter haben Alltagshilfen gebraucht. Der Donnergott Thor wäre ohne seinen Hammer nur einer unter vielen gewesen. Ohne den obersten römischen Gott Jupiter mit seiner Verwandlungskunst wären wir um viele Geschichten und Filme ärmer.

Wer denkt in der heutigen Zeit, wenn er „Hermes" hört, an den Götterboten. Wir überlegen nur, was wir beim Versandhandel bestellt haben und ob Hermes pünktlich liefert.

Je älter die Menschheit geworden ist, umso mehr Alltagshelfer hat sie. Das fängt schon bei den Kleinsten an. Kinderwagen, Gitterbettchen, Laufgitter – alles hilft uns, die täglichen Anforderungen, die ein Kleinkind so mit sich bringt, zu bewältigen. Etwas größer und älter geworden, gibt es dann das Laufrad oder das Tretauto. Den Puppenwagen und vieles mehr. Später wird dann, nach Möglichkeit, alles motorisiert.

Wenn man einmal überlegt, was man für Hilfsmittel im Alltag, ganz egal ob im Haushalt, im Beruf, eigentlich im gesamten Dasein benutzt, dann muss man erkennen, ohne diese sähe man ganz schon alt aus. Oder wäre, wie man so sagt, oft aufgeschmissen.

Was wären wir im Haushalt ohne Küchenmesser, Kartoffelschäler, Suppenkelle und all dem, was unsere Küchenschränke füllt. Und wer möchte schon auf Handmixer, Kaffeemühle und Küchenmaschine verzichten oder den Teppich mit der Bürste reinigen? Nee! Letzterer wird jetzt vom selbstfahrenden Staubsauger fasertief gereinigt.

Ich kenne es noch, die Wäsche per Hand in der Waschwanne mit Rubbelbrett und Wäschebürste zu bearbeiten. Gott sei Dank gibt es jetzt Waschmaschine und Wäschetrockner. Auch der Geschirrspüler hilft uns, Zeit zu sparen. Was wäre ein Haushalt ohne gut ausgestatteten Werkzeugschrank?

Auch für den Garten werden Hilfen gebraucht. Ohne Rasenmäher geht es nicht. Man kann das Gras ja schließlich nicht mit der Haushaltsschere kürzen. Eine Astsäge, ein Fuchsschwanz, eine Ast- und Heckenschere sollten auch nicht fehlen. Das könnte man noch um viele Geräte, die uns im Alltag helfen, ergänzen.

Je älter man wird, desto mehr Helfer braucht man. Nicht nur unsere kleinen und großen Geräte, die uns unsere Tätigkeit erleichtern.

Man braucht Menschen, die uns in allen Lebenslagen helfen, oder ganz einfach Tätigkeiten für die Mitmenschen erledigen.

Stellen sie sich vor, sie müssten jeden Brief selbst von der Post abholen. Braucht man nicht, denn der Postbote oder Briefträger bringt ihn ja ins Haus. Der Hausarzt oder die Hausärztin, die uns bei Krankheit betreuen, das Pflegepersonal der Krankenhäuser, Altenpfleger und Altenpflegerinnen - ohne diese wären wir oft hilflos.

Vergessen sollte man auch nicht das große Heer der Reinigungskräfte. Gerade im fortgeschrittenen Alter wäre man ohne diese Menschen hilflos überfordert. Mein Gott – jetzt hätte ich eine Gruppe der Alltagshelfer fast vergessen. Man stelle sich vor, man gerät in der Blechlawine auf der Autobahn in einen Stau. Ein Autofahrer, so eine ungeduldige Flitzpiepe, will sich durchdrängeln. Erfolg – Unfall. Wenn jetzt Notarzt, Krankenwagen und auch Polizei und Feuerwehr durch Verkehrsrowdys behindert werden, ist das in jeder Hinsicht zu verurteilen. In dieser Notlage muss es einfach selbstverständlich sein, den Unfallhelfern Unterstützung und Achtung zu erweisen.

Zusammenfassend kann man feststellen, je vielfältiger und reichhaltiger unser Leben ist und auch weiter sein wird, je mehr kleine und große Alltagshelfer, unterstützende Maschinen und vor allem Menschen, die helfen unser Leben zu erleichtern oder uns ganz einfach in Notlagen unterstützen, wird es geben. Bestimmt könnte man auch negative Beispiele aufzählen. Die lassen wir aber heute einfach mal weg, denn es wird Frühling und wir sind in Erwartung des Osterhasen fröhlich gestimmt und positives Gedankengut ist angesagt.

*Eva-Maria Kluck, Stahnsdorf, 2023*

# Die Hosen-Träger

Ein schicker Modetrend auch heut':
Es ist Hosenträger - Zeit!
Wer keinen Gürtel hat im Schrank,
hat Hosenträger - Gott sei Dank.

Die Hosen-Träger, ob Mann oder Frau
prüfen am Morgen beim Anzieh'n genau:
Reicht ein Gürtel, die Hose festzuhalten?
Oder nehm' ich die Träger, die alten?

Es gibt zwei Arten, die in der Form
sich unterscheiden ganz enorm:
Y - förmig als ein Band auf dem Rücken,
X - förmig zwei gekreuzte Bänder beglücken.

Sie sind gefertigt von fleißigen Händen,
früher in ledernen Riemchen sie enden.
Die Knopflöcher darin war'n für die Knöpfe gedacht,
die am Hosenbund man hatte angebracht.

Heut' gibt's metallene Klammern dafür,
die sind praktisch und wirken wie Zähne beim Tier.
Die einfachen Träger aus Gummibändern besteh'n,
die teuren sind aus Seide oder Baumwolle zu seh'n.

Auch gibt's die Hosenhalter aus Wildleder gar,
die trägt nicht jeder – ist doch klar!
Entwickelt hat ein Engländer – welch' Glück –
anno 1820 das erste Stück!

Es erfreut Opas und Dandys, auch andere Leute
dieser Helfer in unserem Alltag heute!

*Hannelore Wolf, Mai 2023*

# Ging - Gong

Von vielen nützlichen Dingen, die uns den Alltag erleichtern können, haben wir in dieser Ausgabe der „Perlen unserer Erinnerung" schon gehört. Nun füge ich noch eine Sache hinzu. Es geht um eine „sprechende" Uhr als Ersatz für die Armbanduhr.

Lange wusste ich gar nicht, dass es so etwas gibt, bis sie dann ungefähr 2005/2006 ins Leben meiner Mutter kam.

Mutti war inzwischen 83/84 Jahre alt, und manche Dinge wurden zum Problem. So war es auch mit dem Sehen. Die Augenärztin, eine Operation, neue Brillen, Tropfen und auch kleine Helferlein wie Lupen vermochten keine Wunder zu vollbringen. Die Zifferblätter der Uhren waren immer größer geworden. Trotzdem wusste sie nie, wie spät es war. Sie konnte die Zahlen einfach nicht mehr erkennen und das Radio tagsüber anzulassen, vergaß Mama meistens. Dann hatte eine Bekannte die gute Idee mit der sprechenden Uhr. Prima! Ein Versuch!

Im Reha - Geschäft konnte so etwas bestellt werden. Es gab damals nur ein Modell - also nehmen und probieren, ob Mutti damit klar kommt?

„Unsere neue Uhr" war handlich rechteckig und passte in jede Tasche, sogar in eine Hosentasche. Nun wurde sie auf den Tisch oder aufs Nachtschränkchen gestellt. Das Gehäuse war aus grauem Kunststoff. Unten mittig konnte die große Einschalttaste gut erfühlt werden. Wenn diese gedrückt wurde, erschien im Display groß und digital die Uhrzeit, was aber eigentlich unwichtig war. Sofort danach kam ein akustisches „Ging – Gong" und sogleich erklang eine nette Damenstimme, welche die genaue Uhrzeit deutlich ansagte. Das war's! Ausstellen brauchte man nichts, das ging von allein. Natürlich funktionierte alles nur, wenn die Uhr mit den richtigen Batterien bestückt wurde. Die Stimme, ob männlich oder weiblich konnte im Geschäft ausgewählt werden.

Mutti fand diesen Alltagshelfer prima und sie kam gut damit zurecht. Am Anfang haben wir manchmal geübt, indem ich sie anrief und fragte, wie es ihr gehe und wie spät es denn bei ihr (im gleichen Ort wohnend), sei? Dann sagte sie immer: "Moment mein Kind", (ich war damals so um die 60 Jahre alt) drückte auf die „Ging – Gong – Uhr" und sagte z. B.: „Es ist genau 15:16 Uhr". „Ich freue mich auf unseren Spaziergang".

Der Rollator war ein weiterer, wichtiger Helfer für meine Mutter, sowie für viele Senioren. Auch dazu gibt es bestimmt nette Geschichten.

*Margrit Prauß, Mai 2023*

# Die flotte Lotte

Die flotte Lotte ist 'ne Frau –
so fesch und fröhlich, super schlau!
Doch diese Lotte, die ich meine –
hat zum Laufen keine Beine.

Keinen Körper, keinen Kopf –
man setzt sie drauf auf einen Topf.
Es ist ein Sieb mit einer Schneide dran
und einer Kurbel, die man drehen kann.

Da füllt man weiche Früchte ein
und zerkleinert sie ganz fein.
Das Gerät gab's lange schon
vor Ebay und vor Amazon.

Heut' nutzt man Mixer statt der Lotte,
hat ausgedient – die einst so Flotte.
Doch mancher sie noch gern mal dreht,
weil griffbereit im Schrank sie steht.

Sie zaubert wunderbares Mus –
für Schleckermäulchen ein Genuss.
Liebe Lotte: Dankeschön!
Bleibst weiterhin im Schränkchen steh'n!

*Hannelore Wolf*

# Der Einkaufszettel für meinen Mann

„Schreib doch mal den Einkaufszettel!", rief mein Mann mir zu. Er hatte es eilig und wollte am Abend noch in den Supermarkt gehen. Solange ich denken kann, übernimmt er bereitwillig diese Arbeit, worüber ich sehr froh bin, dass ich diese Aufgabe nicht erledigen muss.

Ich schreibe ihm alles auf, was eingekauft werden muss, damit er nichts vergisst – denn dafür ist diese Erinnerungshilfe ja gedacht.

Ich gehe gedanklich durch den Kühlschrank und auch durch die Speisekammer und erinnere mich, was verbraucht wurde, um diese Dinge wieder aufzufüllen bzw. was ich mir überlegt hatte zu kochen oder zu backen, damit ich alle Zutaten zusammen habe. Zunächst schreibe ich die Dinge auf, die höchste Priorität haben, wie Butter, Milch, Brot und Getränke. Erst zum Schluss füge ich die notwendigen Gewürze hinzu, die ich benötige, um neue Rezepte auszuprobieren.

Jedes Mal, wenn ich meinem Mann den Einkaufszettel überreiche, stellt er fest: „Ist doch ganz schön viel, was Du brauchst." Als würde ich alles für mich verbrauchen. Und nicht selten fügt er auch hinzu: „Das dauert lange, bis ich damit durch bin ..." Damit will er mir sagen, dass er eine großartige Arbeit leistet und er nicht unter eineinhalb Stunden wieder zurück ist – meistens dauert es jedoch länger.

Er meint auch, dass ich den Einkaufszettel so schreiben könnte, wie die Regale im Supermarkt eingeräumt werden, wie bspw.: Zunächst das Gemüse und erst zum Schluss die Milchprodukte, Fleisch- und Wurstwaren oder Brot. Dafür jedoch müsste ich den Einkaufszettel noch einmal abschreiben und neu sortieren. Ich habe aber festgestellt, wenn ich das mache, dann fallen mir beim gedanklichen Gang durch die Regale weitere Dinge ein, die wir zusätzlich gebrauchen könnten – damit würde die Einkaufsliste nur noch länger werden und das ist ja nicht Sinn und Zweck des Einkaufszettels. Er soll doch dazu dienen, dass nur die notwendigen Dinge, die wir wirklich benötigen, eingekauft werden und nicht die Dinge, worauf wir gerade Appetit oder Lust haben. Im Übrigen haben wir damit auch einschlägige Erfahrungen: Ohne Einkaufszettel in den Supermarkt zu gehen, wird an der Kasse immer teurer, die Steigerung dazu ist, ohne Einkaufszettel und hungrig in den Supermarkt zu gehen – das wird besonders teuer. Zudem müssen wir auch feststellen, dass wir dann gar nicht alle Lebensmittel fristgerecht verbrauchen können – sie kaufen und dann wegwerfen, das wollen wir auf keinen Fall! Das können wir gut über die Einkaufsliste optimieren und regeln.

Auch kam es schon vor, dass mein Mann mir erzählte, dass es saisonale Dinge gab, an die ich nicht gleich gedacht hatte, wie der erste Spargel oder die ersten Erdbeeren. Auf mein Erstaunen hin, warum er dies denn nicht mitgebracht habe, antwortete er nur: „Das stand doch nicht auf dem Zettel!"

Mein Mann ist nun auch schon etwas in die Jahre gekommen und sollte eine Brille tragen, die er zwar besitzt, jedoch aus Gründen, die ich nicht nachvollziehen kann, nicht trägt. So passiert es manchmal, dass er Dinge auf der Einkaufsliste einfach übersieht. Meiner Meinung nach sollte er auch die Dinge, die er in den Warenkorb legt, abstreichen. Aufgrund der fehlenden Brille und auch eines nicht immer vorhandenen Stiftes kommt es öfter dazu, dass wichtige Posten schlicht fehlen. Er sagt mir dann nur, dass er diese Dinge nicht gesehen habe und er am nächsten Tag versuchen würde, sie zu besorgen.

Einkaufen bedeutet für ihn etwas Meditatives. Er wird ruhig, nimmt sich die Zeit, die er braucht, um alles aufzuspüren. Etwas Stress bereitet ihm nur, sich an die kürzeste und schnellste Kassenschlange anzustellen, die sich ihm nicht sofort erschließt.

Mit der Zeit habe ich erkennen müssen, dass meinem Mann das Einkaufen an sich und insbesondere in Baumärkten viel Freude bereitet. So kam es schon vor, dass ich ihm zum Geburtstag einen Zeit-Gutschein für einen bestimmten Baumarkt geschenkt habe. Aber auch hier geht er nie einkaufen ohne Einkaufszettel, den er dann selbst verfasst. Mein Eindruck ist, dass er hier auch sehr gern vergisst, Posten aufzuschreiben oder sie mitzubringen, um gern nochmals dorthin gehen zu können.

Grundsätzlich können wir uns in fast allen Lebens-
bereichen ein Einkaufen ohne Einkaufszettel nicht
vorstellen. Manchmal enthält er alle Posten und wird
abgearbeitet, wenn auch ab und zu an mehreren Ta-
gen, und manchmal stellt er auch nur ein Gerüst dar,
das gern noch erweitert werden kann.

*Christiane Eisold, April 2023*

# Die Fliegenklatsche

Die Stubenfliege ist eine Plage,
sie stört besonders im Sommer die Tage.
Sie hat zwei Flügel und sechs Beine –
und kommt zu uns meist nicht alleine.

Da hilft zur Not nur – Ritsche-Ratsche –
eine einfache Fliegenklatsche.
Die Konstruktion aus Kunststoff ist,
mit Schlagfläche und Stiel – wie ihr wohl wisst.

Das Kunststoffgitter – elastisch und weich,
mit giftfreier Wirkung hilft es sogleich.

Doch die Fliege ist nicht dumm,
führt uns an der Nas' herum.
Nähert man sich unverhofft –
der Schlag geht daneben – allzu oft.

Sie ist kein nettes Haustier – nein,
wir wollen ohne Fliegen sein.
Viel Glück beim „Klatschen" alle Zeit,
die Klatsche als Helfer liegt bereit!

Hannelore Wolf, 2022

# Aber Hallo - wat is'n dat?

Das war eine Rätselei. Wir, ein paar alte, na ja ältere Damen, kramten in dem Nachlass einer lieben Mitstreiterin, die uns leider für immer verlassen hatte. Eine Enkelin brachte uns die Handarbeitsutensilien zur weiteren Verwendung. Na ja – die Jugend hat noch nicht entdeckt wie schön es ist, wenn man etwas in den Händen hält, was man selbst geschaffen hat.

Bei unserer Kramerei fanden wir drei seltsame Geräte. Handgriff etwas stärker als ein Häkelhaken. Darin fand eine Drahtöse ihren Halt. Am Ende waren die Drähte etwas zu einer Seite gebogen. Alle drei waren unterschiedlich lang. Von vier bis zu zehn Zentimeter. Der Draht entsprechend der Länge jeweils stärker. Den kleinsten könnte man vielleicht zum Ohrenreinigen benutzen. Wattestäbchen soll man ja nicht nehmen. Mit fröhlichem Gelächter wurde der Vorschlag quittiert. Die Größeren gingen ja eventuell für den Hund der einen Dame. Hunde haben schließlich wesentlich größere Ohren. Dann kam eine aus unserer Runde auf die Idee, dass ich als älteste der Runde mal mein Gedächtnis strapazieren sollte und oh Wunder, ich konnte das Rätsel lösen.
Als der zweite Weltkrieg zu Ende war, gab es bekannter Weise nichts. Wie war das doch? Nichts auf dem Tisch – nichts auf dem Teller ....

Kleidung und auch Schuhe hatten Seltenheitswert. So kam dann meine Oma auf die Idee, ihre Schätze in

Bezug auf die Garderobe zu durchforsten, um mir zu helfen. Einige Kleider verwandelten sich in moderne, für mich passende Sachen. In der Schule wurde ich beneidet. Es war Winter und ich hatte ein paar echte Holländer Holzschuhe. Mit dicken Socken darin, auch von Oma gestrickt, war ich eine der wenigen, die keine Igelitschuhe tragen musste und dank der Holländer Holzschuhe warme Füße hatte. Irgendwann kam Oma mit Lederschuhen zur mir. Schwarz, mit kleinem Absatz, spitz und an der Seite geschlossen mit vielen kleinen Knöpfen. Da ich groß war, meine Füße auch, passten sie mir. Ein bisschen weit zwar, aber aus einem alten Karton ausgeschnittene Einlegesohlen lösten das Problem. Nur an den Knöpfchen brach ich mir bald die Finger ab.

Doch auch das konnte Oma ändern. Sie brachte mir genau ein solches Gerät wie die Dinger, die jetzt als Rätsel vor uns lagen. Einen Knöpfler. Sie hatte auch verschiedene Größen davon. Schließlich gibt es auch die Knopfleisten in verschiedener Größe und Länge. Waren ganz einfach zu benutzen. Durch das Knopfloch oder die Knopföse geschoben, Knopf mit der Drahtöse gefasst und durch das Knopfloch gezogen. Ganz einfach.

Nun fand ich die Schuhe schön und wenn ich mich richtig erinnere, könnte man sie auch in der heutigen Zeit als Modegag tragen. Für die kleinen Knöpfchen gab es also schon zu Omas Zeiten die passenden Alltagshelfer.

Zu meiner Schande muss ich gestehen, mir fällt nichts ein, wobei uns die Knöpfler jetzt unseren Alltag erleichtern könnten. Doch ja, bei Korsagen, schön eng und mit vielen kleinen Knöpfen könnten die Knöpfler bestimmt als Alltagshelfer eingesetzt werden.

So konnte wieder einmal bewiesen werden, dass es zu jeder Zeit pfiffige Menschen gab, die uns mit kleinen und großen Dingen den Alltag erleichtern.

*Eva-Maria Kluck, erlebt 1947/49, aufgeschrieben 2023*

# Das Waffeleisen

Vielen Leuten – Groß und Klein –
schmecken süße Waffeln fein.
Dazu wird ein Teig bereitet,
der in ein Gerät dann gleitet.
Dieses elektrisch wird betrieben,
ist rund oder eckig – ganz nach Belieben.

Es hat zwei Teile: Unten und oben,
die miteinander sind verwoben.
Wird das Eisen heiß – zum Glück –
hat es Griffe, gleich zwei Stück.

Das Klassik-Eisen ist stets rund,
backt Herzform-Waffeln im Verbund.
Ein großes Kleeblatt in der Form –
weckt den Appetit enorm.

Ob Volksfest oder Weihnachtsmarkt,
ein Waffeleisen steht parat.
Das Waffelangebot ist groß:
Mit Früchten, Sahne, Schokosoß'.
Für jeden Gaumen, der es liebt:
Wir wünschen: „Guten Appetit"!

Hannelore Wolf, 2022

# Ihr braucht mich

Ihr kennt mich, aber Ihr nehmt mich nicht mehr wahr! Jeden Tag benutzt Ihr mich, ohne mich anzusehen! Ihr tretet mich mit Euren Füßen, manche schnell und flüchtig, als hätten sie es eilig, manche sehr gründlich; mehrmals und heftig streift Ihr dann über mich, fast schon grob mit Eurer Gründlichkeit! Ihr wollt all den Schmutz und den Unrat nicht in Eure hübsche Wohnung hineintragen, aber natürlich lasst Ihr all das vor Eurer Tür, Eurer Haustür – bei mir!

Und ich lass das alles über mich ergehen, ertrage all den Schmutz, nehme ihn Euch ab, bis sich manchmal irgendjemand einmal erbarmt, mich hochnimmt und klopft, und klopft, solange, bis all Euer Schmutz aus mir herausrieselt und ich befreit bin, und sauber und frisch wieder abgelegt werde. Das ist schön!

Jetzt könntet Ihr mich anschauen und bewundern. Aber das tut Ihr nicht, Ihr tretet über mich, bis wiederum all Euer Schmutz – mitgeschleppt von langen Wegen, die Ihr am Tag zurückgelegt habt – bei mir bleibt, um mit sauberen Schuhen in Euren Flur zu treten.

Ja, ich bin für Euch da, jeden Tag.
Ich, Euer Fußabtreter!

*Hanne Pluns*

# Der Wasserkocher

Hhmm, Alltagshelfer. Was für ein Thema.

Zunächst fand ich es wirklich schwer, einen Gegenstand zu finden, der ein Alltagshelfer ist. Viele Dinge wurden schon beschrieben und viele Gegenstände nutzt man täglich. Aber welchen würde ich am meisten vermissen?

Natürlich die großen Geräte, die mir den Alltag erleichtern. Das sind: Die Waschmaschine, der Geschirrspüler und ja, auch der Computer. Aber ein Gerät ist bei mir täglich und sogar mehrfach täglich in Benutzung. Der Wasserkocher.

Schon früh, wenn die Augen noch verschlafen in die Welt schauen, freue ich mich auf meinen Kaffee. Wenn ich dann erfrischt aus dem Bad komme, führt mich mein erster Weg zum Wasserkocher. Wasser hineinlaufen lassen, Kaffee in die Tasse und Wasserkocher anschalten und schon brubbelt er vor sich hin. Ein tolles Geräusch am Morgen. Einige Minuten später macht die Abschaltautomatik „klick" und dann brühe ich den Kaffee direkt in der Tasse auf und der wunderbare Duft und der erste Schluck sind der beste Auftakt für den Tag.

Ich liebe Kaffee, aber nur den frisch gebrühten. Entweder direkt in der Tasse oder in der Kanne. Wie früher. Keine Kaffeemaschine hat in unserer Küche einen Platz gefunden. Diesen unvergleichlichen Duft von gebrühtem Kaffee kenne ich noch aus Kindertagen.

Da gab es noch die alte Kaffeemühle im Haushalt meiner Eltern. Zur Kaffeezeit schnappte sich mein Vati die Holzmühle, setzte sich auf einen Küchenstuhl, legte ein Handtuch auf die Oberschenkel und klemmte sich die Kaffemühle zwischen die Beine. Deckel auf, Kaffeebohnen hinein und los ging das Mahlen. Es knisterte und knackte und es duftete. Wenn der Kaffee ganz fein im Kästchen lag, wurden die Tassen (wenn Besuch kam, dann die Kanne) mit dem frischen Kaffeepulver befüllt (sparsam, Kaffee war teuer) und dann wurde aufgebrüht. Dieser Geruch hat für mich immer mit Gemütlichkeit und Zeit genießen zu tun. Zeit, um zu reden, zuzuhören, Kuchen essen oder einfach nur mal so.
Unser Wasserkocher hat immer viel zu tun. Kaffee oder Tee sind heiß geliebte Getränke.

Früher (wie ich mich früher über dieses Wort amüsiert habe), also früher, als ich meinen Hausstand gründete, zog gleich zum Anfang ein Tauchsieder bei mir ein. Tauchsieder gab es in verschiedenen Größen und dazu den passenden Wassertopf, der war meist aus Aluminium.
Das Prinzip war ähnlich wie beim heutigen Wasserkocher, nur dass die Heizspirale nicht verdeckt war, sondern direkt in den Wassertopf gesteckt wurde. Ruckzuck war heißes Wasser zur Verfügung. Zu Hause hatten wir also den großen Tauchsieder und für Urlaubsfahrten hatten wir einen kleinen Reise-

Tauchsieder. Es dauerte schon etwas länger damit, aber immerhin konnten wir heißes Wasser bereiten.

Das erinnert mich an eine kuriose Begebenheit:
Es mag 1987 gewesen sein, da hatte ich Glück und konnte einen FDGB-Ferienplatz ergattern. Ferienplätze wurden über den Betrieb vergeben, waren wirklich nicht teuer, aber schwer zu bekommen. Unser Feriendomizil befand sich in Ilsenburg (Harz), im Gästehaus „Zu den roten Forellen". Wir hatten ein Zimmer mit Doppelbett, Zustellbett, Waschbecken, Schrank, Tisch, und 2 oder 3 Stühlen. Die Toilette befand sich auf dem Flur und wurde von allen Gästen auf der Etage genutzt.

Ich war dort für 14 Tage mit meiner Mutti und meiner kleinen Tochter. Es war Ende Oktober und somit zeitig dunkel. Wir hatten unser Strickzeug dabei und wenn wir abends müde vom Wandern zurück in unser Zimmer kamen, haben wir mit meiner Tochter gespielt und wenn sie nach der Gute-Nacht-Geschichte schlief, haben wir gestrickt und geschwatzt. Und natürlich noch Kaffee getrunken. Wir hatten nämlich unseren kleinen Reise-Tauchsieder dabei. Das war eigentlich nicht gestattet, aber wir haben uns trotzdem getraut, ihn zu benutzen.
Vor den Türschlitz legten wir ein großes Handtuch, dann stellten wir den Wassertopf ins Waschbecken, Tauchsieder hinein und kurz danach war unser Kaffee fertig. Für den Fall, dass jemand klopfen würde, lag ein weiteres Handtuch bereit, welches wir schnell über das Waschbecken legen konnten, natürlich nach dem Ziehen des Steckers.

So vergingen die gemütlichen Abendstunden und am Wochenende wollte mein Mann uns besuchen kommen. Da wir nicht wussten, wann er eintreffen wird (Smartphones gab es noch nicht), blieben wir in unserem Zimmer, spielten und machten uns vormittags noch einmal Kaffee. – Plötzlich klopfte es. So früh hatten wir meinen Mann nicht erwartet. Also wer konnte es sein? Wir warfen das Handtuch über den Wassertopf, Stecker raus und öffneten vorsichtig die Tür.

Doch – es war schon mein Mann, der zeitig losgefahren und mit dem Motorrad zügig vorangekommen war. Nach der freudigen Begrüßung schaute er in Richtung Waschbecken und schmunzelte. „Das könnt Ihr Euch sparen, der Kaffee ist im ganzen Flur zu riechen. Ich wusste genau, wo Ihr seid". Wir erschraken zwar, aber dann sagten wir uns: Wenn uns bis jetzt niemand angezählt hatte, dann wird es auch sicher keiner mehr tun. Nun bekam auch mein Mann einen Kaffee, wir gingen spazieren und es wurde ein schöner Tag.

Ja, so war es früher (da ist es wieder, dieses schreckliche Wort). Der Tauchsieder war zu dieser Zeit mein wichtigster Alltagshelfer. Und als dann der Wasserkocher auf den Markt kam, bekam dieser sofort seinen Platz in der Küche. Besonders schön ist es, dass die Heizspirale nun verdeckt ist und dass es eine Abschaltautomatik gibt. Dieser Alltagshelfer ist und bleibt ein unverzichtbares Utensil in unserem Haushalt.

*Carmen Sabernak, Mai 2023*

# Die wichtigsten Alltagshelfer im Leben sind Menschen

Über so viele Alltagshelfer haben wir in diesem Buch schon geschrieben. Viele technische Errungenschaften machen unser Leben im Vergleich zu früheren Jahren leichter und ermöglichen es den Menschen, ihren Haushalt bequemer zu machen und natürlich auch länger selbstständig zu leben.

Was wäre aber all die Technik, wenn es keine Menschen geben würde, die uns zur Seite stehen?

Ich denke an so viele hilfreiche Hände.

Zunächst brauchen wir sie, damit unsere Kinder sich in KITAs wohlfühlen, gern zur Schule gehen, gute Ausbildungen bekommen.

Später sind es Kollegen, die hoffentlich füreinander da sind und noch später benötigt der eine oder die andere Person einen Pflegedienst.

All diese Aufgaben sind nicht (gottseidank nicht) mit Robotern oder künstlicher Intelligenz zu erledigen, es sind Menschen, die ihre Arbeit mit viel Empathie verrichten.

Und dann sind noch diejenigen da, die einfach einen guten Umgang mit anderen pflegen. Nachbarn, die gern die Post aus dem Kasten nehmen, wenn man im Urlaub ist. Oder ein Paket abnehmen, wenn man zum Zeitpunkt der Lieferung nicht zu Hause ist. Ein freundliches Wort im Treppenhaus, der Einkauf für ältere oder kranke Nachbarn oder einfach nur die Nachfrage, ob es ihnen gut geht. Ich bin sehr froh darüber, solche Nachbarn zu haben. Wir kümmern uns umeinander. Ich wünsche jedem, dass er in guter Nachbarschaft leben kann.

Freunde und Familie helfen einander, das ist nicht immer selbstverständlich, aber meist sind das die schnellsten Alltagshelfer, die sofort zur Stelle sind, auch wenn man nachts um 3:00 Uhr anruft. Welch' ein Glück, sie zu haben.

Ja und dann, dann gibt es die, über die oft wenig gesprochen wird. Die Ehrenamtlichen.

Sie helfen. Sie helfen ohne Bezahlung. Sie sind in allen Bereichen des Lebens zu finden und ein Staat muss sich glücklich schätzen, dass es diese Menschen gibt. Denn sonst wären viele Betreuungsleistungen gar nicht möglich. Vor diesen Menschen sollte man den Hut ziehen und ihre Arbeit wertschätzen.

Eine von diesen ehrenamtlich arbeitenden Frauen ist Frau Nicole Mewes. Vielleicht empfindet sie es gar nicht so, aber ohne sie wären unsere Bücher nicht so schön, wie sie sind.

Ich sammle die Beiträge und stelle sie zusammen. Bringe sie in die richtige Reihenfolge und bereite ein Buch vor. Und dann kommt Nicole. Unsere Texte werden von ihr in Form gebracht, die Bilder bearbeitet und die Druckdatei erstellt. Mit ihrer Hilfe, werden die Bücher zu Perlen. Hier schließt sich dann der Kreis. Geschichtenperlen werden zu Bücherperlen.

Liebe Nicole, ich danke Dir dafür, dass Du meine Idee, die Geschichtenperlen zu sammeln, seit zehn Jahren so wunderbar unterstützt. Ich freue mich auf viele neue Bücherabenteuer.

*Carmen Sabernak, August 2023*
*(Geschichtensammlerin)*

# Die Autoren:

**Eva-Maria Kluck (Jahrgang 1935)**
Geboren in Berlin, von 1936 bis 1997 in Kleinmachnow gelebt, danach in Stahnsdorf.

Berufe: Maßschneiderin und Wirtschaftskauffrau Sie war als Angestellte im Rat der Gemeinde Kleinmachnow, in der Landwirtschaftsbank in Potsdam und von 1975 bis 2000 im Gesundheitswesen (Geschäftsleitung, ab 1997 Leiterin des Seniorenbüros AVUS) in Teltow tätig.

Hobbys: Aus dem Leben schreiben: Anekdoten, bissige Leserbriefe, Glossen und Familiengeschichte, ehrenamtliche Tätigkeit in Selbsthilfegruppen.

**Margrit Prauß (Jahrgang 1947)**
ist in Sachsen geboren und aufgewachsen.

Beruf: Krankenschwester, Ausbildung med. Fachschule Hubertusburg Wermsdorf.
Seit 1969 wohnt sie in Teltow, hat 2 Töchter und 4 zauberhafte Enkelkinder. Sie liebte immer schon „Deutsch" in der Schule, schrieb gerne Aufsätze, später Briefe. Gedanken, Erinnerungen und Erfahrungen aus ihrem Leben zu formulieren macht ihr viel Freude und sie gibt diese gern weiter.

**Hannelore Wolf (Jahrgang 1944)**
geboren in Westpreußen, nach der Flucht aus Dan-

zig in Mecklenburg aufgewachsen, Ausbildung zur Kindergärtnerin im Schweriner Schloss. Umzug 1963 nach Leipzig, Heirat und Umzug 1967 nach Teltow.

Tätig als Kindergärtnerin, Wechsel in die GRW-Bibliothek, nach der Wende als Sachbearbeiterin im Sozialamt Teltow, seit 2009 Rentnerin.
Sie ist verheiratet, hat 3 Kinder und 4 Enkelkinder.

Hobbys: Singen im Chor, Mitglied einer Sportgruppe, Reisen und Tanzen, Verfassen von Versen zu bestimmten Anlässen sowie spontanes Schreiben kleiner Gedichte!

### Ellen Wutschik (Jahrgang 1964)
Geboren in Potsdam-Babelsberg

### Evelyn Barucker (1949 in Potsdam geboren)
Sie lebt seit 1953 in Kleinmachnow und seit 1971 in Teltow. Sie vermisst die ungeschriebenen Geschichten ihrer Eltern und Großeltern und möchte deshalb einige Erlebnisse für ihre Kinder und Enkelkinder erhalten.

### Christiane Eisold (Jahrgang 1953)
Sie ist in Mecklenburg-Vorpommern geboren und aufgewachsen. Sie hat in Dresden studiert, war viele Jahre in der Forschung und ebenso viele Jahre in der Forschungsorganisation tätig. Seit 1976 wohnt sie in Teltow. Christiane Eisold ist verheiratet und hat zwei erwachsene Kinder und drei Enkelkinder.

Schon in der Schulzeit liebte sie das Fach Deutsch,

schrieb gern Aufsätze und bis heute liebt sie Kurz-
geschichten.

Mit Eintritt in den Ruhestand denkt sie stärker über
die Familiengeschichte nach und findet Begebenhei-
ten, die es wert sind, nicht vergessen zu werden.

### Hanne Pluns (Jahrgang 1943)
Geboren in Wriezen / Oderbruch
Mit 10 Jahren aus der DDR mir ihren Eltern geflohen
2 Jahre Aufenthalt in Flüchtlingslagern
Abitur in Hildesheim
Sozialarbeit in Hannover studiert, dort ihren Mann
kennengelernt
25 Jahre Leiterin einer Eingangsstufe in einer Grund-
Sonderschule in Berlin
Ausbildung zur Gestaltpädagogin an der TU Berlin
Nach der Wende in ihre Heimat zurückgekehrt, dort
als freischaffende Künstlerin gelebt
2018 mit ihrem Mann nach Teltow gezogen; hat 2
erwachsene Söhne und 3 Enkel/innen

Interessen: Kreatives Arbeiten, liebt Kontakt mit an-
deren Menschen, ist immer auf der Suche nach neu-
en Anregungen.

### Carmen Sabernak (Jahrgang 1958)
Die „Geschichtensammlerin" - Schreibt am liebsten
mit Blick auf das Meer oder auf ihrer Rosenbank
im Familiengarten.

# Bisher erschienen

**Aus der Reihe „Perlen unserer Erinnerung" sind bereits (im BoD Verlag zum Preis ab 5,00 Euro) erschienen:**

**2013**
*„Hannas Weihnachtsengel"* - ISBN: 9783732280414
*„Begegnungen im Leben"* - ISBN: 9783732280889

**2015**
*„Verlust und Wiederfinden"* - ISBN: 9783734745812
*„Elli"* - ISBN: 9783734769276
*„Mein Berlin - Mitten mang und Dichte bei"* - ISBN: 9783738613599
*„Am Wege blüht Vergissmeinnicht"* - ISBN: 9783738629262
*„Singen und Wandern - das ist unser Leben"* - ISBN: 9783738659931

**2016**
*„Jahreswende - von Anfang bis Ende"* - ISBN: 9783741276798

**2017**
*„Sehnsucht, Glück und Bäume"* - ISBN: 9783848257195

**2018**
*„Täuscht der schöne Schein?"* - ISBN: 9783748111948
*„Winterperlen"* - ISBN: 9783748101093

**2019**
*„Sommer-Zeit-Reise"* - ISBN: 9783748146964
*„Geflüster bei Kerzenschein"* - ISBN: 9783750401877

**2020**
*„Meine Heimat Kleinmachnow"* - ISBN: 9783751930772
*„Meine - Deine - unsere Schulzeit"* - ISBN: 9783751950497
*„Durch das Jahr"* - ISBN: 9783752672176
*„Winterzeit"* - ISBN: 9783752672169
*„Mystische Geschichten"* - ISBN: 9783752672190

*2021*  „*Liebesbriefe*" - ISBN: 9783755741084
„*Alte Schätze*" - ISBN: 9783755741275
„*Gesammlte Perlen 2021*" - ISBN: 9783755741244
„*Wege*" - ISBN: 9783756833474

*2022*  „*Federn, Flossen, weiches Fell*" - ISBN: 9783756859818
„*Missgeschicke*" - ISBN: 9783756888672

*2023*  „*Modisches Allerei*" - ISBN: 9783757806903